OBSERVATIONS

SUR

LES LACUNES DU CODE PÉNAL

PAR

GUSTAVE BASCLE DE LAGRÈZE

CONSEILLER A LA COUR IMPÉRIALE DE PAU ;
CHEVALIER DE LA LÉGION D'HONNEUR, DE L'ÉTOILE POLAIRE DE SUÈDE,
DE CHARLES III D'ESPAGNE ET DE FRANÇOIS Ier DES DEUX-SICILES ;
CORRESPONDANT DU MINISTÈRE DE L'INSTRUCTION PUBLIQUE POUR LES TRAVAUX HISTORIQUES;
DE LA SOCIÉTÉ IMPÉRIALE DES ANTIQUAIRES DE FRANCE;
DES ACADÉMIES DE TOULOUSE, DE BORDEAUX, ETC.

PARIS
COTILLON, ÉDITEUR, LIBRAIRE DU CONSEIL D'ÉTAT,
Rue Saint-Hyacinthe-Saint-Michel, 6, au coin de la rue Soufflot, 23.
— 1856 —

OBSERVATIONS

SUR

LES LACUNES DU CODE PÉNAL

PAR

GUSTAVE BASCLE DE LAGRÈZE

CONSEILLER A LA COUR IMPÉRIALE DE PAU ;
CHEVALIER DE LA LÉGION D'HONNEUR, DE L'ÉTOILE POLAIRE DE SUÈDE,
DE CHARLES III D'ESPAGNE ET DE FRANÇOIS Ier DES DEUX-SICILES ;
CORRESPONDANT DU MINISTÈRE DE L'INSTRUCTION PUBLIQUE POUR LES TRAVAUX HISTORIQUES;
DE LA SOCIÉTÉ IMPÉRIALE DES ANTIQUAIRES DE FRANCE;
DES ACADÉMIES DE TOULOUSE, DE BORDEAUX, ETC.

PARIS
COTILLON, ÉDITEUR, LIBRAIRE DU CONSEIL D'ÉTAT,
Rue Saint-Hyacinthe-Saint-Michel, 6, au coin de la rue Soufflot, 23.
— 1856 —

A M. EUGÈNE DE MOULON

Premier président de la Cour impériale de Douai, officier de la Légion d'honneur,

Au magistrat éminent
qui a su commander partout le respect
par son amour du devoir, sa fermeté et sa science;
et inspirer les plus profondes sympathies
par son esprit, sa bienveillance
et l'aménité de ses mœurs.

Hommage et souvenir,

G. B. DE LAGREZE.

OBSERVATIONS

SUR LES

LACUNES DU CODE PÉNAL

En présentant quelques observations sur notre législation criminelle, je ne commencerai point par traiter les hautes questions qui peuvent s'élever sur l'origine, le but, les conditions de la justice pénale et l'évaluation législative des crimes et des délits.

Il est évident que la répression ne doit pas atteindre toutes les violations de la loi morale. Ainsi, les actes internes, quelque odieux qu'ils soient, lors même qu'ils seraient constatés et avoués, ne sauraient être punis.

L'histoire a toujours flétri les tyrans qui ont osé assimiler à un crime accompli la pensée ou le désir de le commettre (1); et la maxime du Digeste : *cogitationis pœnam nemo patitur,* sera sans cesse adoptée par toutes les nations civilisées. Lorsque le mal est peu sensible et que les inconvénients de la poursuite seraient aussi grands que ceux de l'impunité ; lorsque le mal est très grave, mais ne flétrit que celui qui s'en rend coupable sans nuire à des tiers, il faut alors, selon les belles expressions de Grotius (2), en laisser la vengeance à Dieu, *qui a une intelligence infinie pour les connaître, une souveraine*

(1) *Droit des gens*, par Puffendorf, t. 2, p. 472

(2) *Droit de la guerre et des gens*, t. 2, p. 84.

équité pour les juger, et une puissance sans bornes pour les punir.

Je rappelle ces principes que tout le monde connaît, parce que je ne voudrais pas être soupçonné d'en avoir oublié l'autorité ni méconnu l'importance.

Le législateur a pu volontairement omettre des actes d'immoralité, parce qu'ils ne blessaient pas les intérêts de l'ordre social; mais le temps et l'expérience ont-ils démontré qu'il était quelquefois échappé aux prévisions de la loi, de fixer un châtiment pour des actes coupables, susceptibles de devenir une cause de corruption, de scandale ou d'alarme publique?

« Les bornes de la prudence humaine, dit Bacon, ne « sauraient embrasser tous les cas que le temps amène. Il « s'en montre donc qui n'ont encore été ni prévus, ni « connus. Dans ces occasions, on peut remédier ou sup- « pléer au silence de la loi par les analogies, par l'usage « des exemples. »

Cela est vrai en matière civile, mais non en matière criminelle; c'est alors surtout qu'il faut rappeler, avec Bacon, que la première condition, pour la dignité des lois, c'est qu'elles ne laissent point de doute sur leur objet.

« Il entre tellement, dit-il, dans l'essence de la loi, de « porter avec elle la certitude, que sans cela elle ne peut « pas même être juste. Si le signal donné par la trom- « pette est douteux, qui se préparera au combat? De « même, si l'ordre prononcé par la loi est équivoque, « qui est-ce qui se trouvera prêt pour obéir? Avant de « frapper, ne faut-il pas qu'elle avertisse? C'est donc « une règle exacte que la meilleure loi est celle qui laisse

« le moins à l'arbitraire. Porter la certitude, voilà sa « première vertu (1). »

Cette maxime est la plus grande garantie de la tranquillité des citoyens ; tous les criminalistes proclament que nul n'est tenu d'obéir qu'à une disposition pénale non équivoque ; et que nul ne saurait être poursuivi pour un acte qu'il a supposé indifférent ou licite, parce que le législateur n'y avait attaché aucune peine.

Lorsque la doctrine des auteurs et la jurisprudence des cours sont en désaccord pour décider si un acte constitue ou ne constitue pas un crime, n'est-il pas regrettable de voir que, parmi les individus poursuivis pour des faits identiques, les uns sont punis comme coupables, tandis que les autres sont absous, parce que l'infraction qui leur est imputée n'est prévue par aucune loi?

Lorsque l'ordre moral et l'ordre matériel sont lésés par un attentat, n'est-il pas déplorable de voir le magistrat, chargé de la vindicte publique, chercher vainement dans nos codes une disposition applicable à des abus qui révoltent la conscience sociale ?

Quelles sont les incertitudes qui règnent sur le sens de quelques-unes de nos lois pénales ? Quelles sont les lacunes que l'expérience a signalées et qu'il serait urgent de combler ?

Voilà de graves et délicates questions. Est-il utile de les soulever? Est-ce le moment de les résoudre ?

Sans doute il n'est pas sans inconvénients de toucher trop souvent à la loi, mais cependant on sait combien la

(1) De primâ dignitate legum ut sint certæ. *Aphorism.* VIII.

législation criminelle de divers peuples a été lente à se perfectionner, et quelles améliorations successives on est parvenu à obtenir en profitant du progrès des lumières. Montesquieu n'a pas manqué de faire cette observation, et il ajoute cette belle pensée : « Les connaissances que « l'on a acquises dans quelques pays et que l'on acquerra « dans d'autres, sur les règles les plus sûres que l'on « puisse tenir dans les jugements criminels, intéressent « le genre humain plus qu'aucune chose qu'il y ait au « monde (1). »

Trois fois depuis un demi-siècle le code pénal qui nous régit a été remanié; faut-il le remanier encore?

Bacon fait observer qu'il serait à désirer que les temps où l'on entreprend de restaurer la législation fussent meilleurs que ceux dont il s'agit de réformer les actes et les œuvres (2). En France, c'est presque toujours au lendemain d'une révolution qu'on a eu la prétention de tout refaire sous prétexte de tout améliorer. En 1832, on disait : « Le législateur de 1810 a recherché des « moyens de répression trop énergiques; cette rigueur « pouvait être excusable à une époque où la société avait « été longtemps tourmentée par des commotions violen- « tes, mais elle ne convient plus à une époque de ré- « génération sociale. » Telles sont les idées qui dominaient au moment de la révision du code. On se préoccupait de l'adoucissement des peines plutôt que du perfectionnement des textes; du désir de donner satisfaction aux exigences

(1) Esprit des lois, I. XII. c. 2.

(2) Aphorism. LXIV.

du jour, plutôt que de la recherche des grands intérêts de la justice éternelle.

Quelques lacunes étaient si choquantes qu'on les combla en passant; mais le but du législateur était principalement de supprimer des châtiments, et non de créer de nouvelles catégories de délits. Le code pénal, que nous devons à Napoléon Ier, fait honneur à son génie. Mais toute œuvre humaine est susceptible d'amélioration. La marche progressive de la jurisprudence des cours, les théories savantes des auteurs ont révélé quelques imperfections; pourquoi ne pas les faire disparaître ? Une codification nouvelle ne peut que gagner à être corrigée après un demi-siècle d'épreuves. Le moment me semble venu de résoudre législativement des difficultés qui n'ont pu être surmontées par l'interprétation des tribunaux.

La Belgique, gouvernée par un roi d'une haute sagesse, s'occupe en ce moment d'un travail de révision de ses lois pénales. La France se trouve dans d'excellentes conditions pour une pareille entreprise. Les passions politiques qui, à d'autres époques, dominaient trop souvent la pensée des législateurs, ont maintenant fait silence. Les textes pourraient être soumis à l'interprétation d'hommes éminents, dignes de continuer et d'achever l'œuvre des Target et des Portalis.

Il appartient à un Napoléon de compléter ce beau monument de l'ère impériale. Notre Empereur n'a-t-il pas eu le pressentiment que cette gloire l'attendait, lorsqu'il disait dans son discours du 1er août 1849 : « Les lois « que nous avons peuvent être *plus ou moins défectueuses;*

« mais elles sont susceptibles de perfectionnement. *Fiez-*
« *vous à l'avenir.* »

Je n'ai pas ici la prétention d'approfondir chacune des dispositions de nos lois pénales pour faire ressortir une à une toutes les difficultés d'application qui pourraient être soulevées. Je ne tenterai pas d'épuiser toutes les hypothèses propres à justifier la nécessité d'une réforme ; je me bornerai à appeler l'attention sur ces graves matières, et à indiquer par quelques exemples, plutôt que par des démonstrations complètes, que des cas nombreux sont évidemment restés en dehors des prévisions du législateur.

L'article 2 du code pénal définit la tentative. La distinction entre les *faits d'exécution* et les *faits préparatoires* est sans doute rationnelle. Sans doute encore les actes internes doivent être affranchis de toute poursuite, parce que la pensée de l'homme n'est justiciable que de Dieu. Mais n'existe-t-il pas des actes extérieurs et matériels, tellement caractérisés, qu'ils devraient constituer une sorte de tentative spéciale, indépendamment de tout commencement d'exécution?

Treilhard disait : « que celui qui s'arrête au moment
« de commettre le crime ne soit point puni ; la justice le
« veut, l'intérêt de la société l'exige ; car ce serait en
« quelque sorte pousser au crime que de réserver le même
« sort à celui qui n'achève pas et à celui qui passe outre. »

En faisant un appel à la conscience et en tenant compte de la possibilité du repentir, alors même qu'il semblerait invraisemblable, on pourrait punir une tentative évidente rélevée par des actes préparatoires très graves. Seulement la peine infligée devrait être moindre que celle de l'attentat consommé.

Je cite des exemples : Un brigand a manifesté l'intention de porter atteinte à mes jours. Il est parvenu à vaincre tous les obstacles pour arriver jusqu'à moi. Je le trouve, la nuit, caché dans ma chambre, tenant dans la main une arme meurtrière, et il avoue qu'il voulait en faire usage. C'est une violation de mon domicile et un projet certain d'assassinat. Cet homme n'a été arrêté dans l'exécution de son homicide dessein que par des circonstances indépendantes de sa volonté. Eh bien! la justice doit le mettre en liberté; il n'a rien fait de punissable aux yeux de la loi.

Etendez, modifiez, me dira-t-on, les dispositions qui punissent les violations de domicile pour atteindre plus sûrement celui qui s'est furtivement introduit dans une habitation où il a été surpris avant que des faits d'exécution aient manifesté le crime qu'il voulait commettre ; ne touchez pas à la définition de l'article 2.

Je n'ai fait que citer un exemple; en voici un autre que j'emprunte à M. de Molènes (1) : « Des voleurs attendent « sur un chemin public un voyageur qu'ils savent chargé « d'argent. Ce voyageur arrive dans le lieu où on l'at- « tend ; les voleurs se présentent à lui et lui demandent « l'argent qu'il porte. Voilà un commencement d'exécu- « tion. Mais une voiture vient à passer; les voleurs sont « effrayés, ils fuient, et le voyageur continue sa route, « s'en trouvant quitte pour la peur, sans avoir rien perdu. « Sous notre législation actuelle, dans un tel cas, les

(1) De l'humanité dans les lois criminelles, p. 553.

« voleurs seront punis des travaux forcés à perpétuité, et « l'on n'aurait pas pu les condamner à une heure de pri- « son, si, par suite de la découverte de leurs projets, on « les avait chassés de leur repaire, ne fût-ce qu'une « minute avant le passage du voyageur. »

Rappelons d'autres espèces : Un malfaiteur a commis, dans une maison, des soustractions nombreuses ; on veille pour le découvrir. Au moment où, à l'aide d'escalade et d'effraction, il vient de s'introduire, la nuit, dans un édifice avec l'intention formelle de voler, on apparaît tout-à-coup, on le surprend, on l'arrête. Là, me dira-t-on avec M. Rossi et M. de Vatisménil, il y a tentative punissable. Je l'ai soutenu à la Cour d'assises et les jurés l'ont déclaré quelquefois ; mais presque toujours ils décident le contraire, entraînés par l'opinion de nombreux arrêts et de nombreux auteurs. Il y a lacune, ou obscurité dans la loi, ce qui est aussi fâcheux. Il faudrait avoir une règle fixe à appliquer à un cas qui peut fréquemment se présenter.

L'article 2 admet des exceptions qu'il faut souvent implicitement induire de quelques dispositions légales, et qui auraient dû être clairement et nettement formulées.

Ainsi, la tentative d'avortement est-elle, à part les exceptions énoncées dans les §§ 2 et 3 de l'article 317 du code pénal, punissable comme le crime même ? Consultez les recueils de jurisprudence et la doctrine des auteurs, et vous trouverez au moins cinq arrêts qui décident l'affirmative, et sept auteurs qui enseignent le contraire. Une loi pénale, qui donne lieu à une telle controverse, est-elle non équivoque, certaine et précise ?

D'après l'article 3 du code pénal, les tentatives de délits ne sont considérées comme délits que dans les cas déterminés par une disposition spéciale de la loi. Un homme attend son ennemi dans un lieu écarté et fait tomber sur lui une grêle de pierres; ou bien il essaie de le frapper avec une arme; s'il ne réussit pas à le blesser, il n'encourt aucune peine. Pourquoi la tentative d'une grave atteinte contre les personnes reste-t-elle impunie, tandis que la plus légère atteinte contre la propriété est assimilée au vol lui-même?

Il serait facile de citer d'autres cas où le législateur a omis de punir des tentatives de délits très coupables. Ainsi, l'article 41 de la loi du 21 mars 1832, en prononçant des peines contre les jeunes gens convaincus de s'être rendus impropres au service, soit temporairement, soit d'une manière permanente, n'a point prévu la tentative.

L'article 59 établit le niveau d'un même châtiment pour les auteurs et les complices. Il existe cependant des degrés bien différents de complicité. Il semblerait juste, après avoir établi les caractères de la complicité principale, de déterminer les caractères de la complicité secondaire. Nous pourrions prendre pour modèle sous ce rapport quelques codes étrangers, en évitant de consacrer, comme on l'a fait ailleurs, des distinctions trop nombreuses et trop subtiles. Je reconnais qu'une législation pénale, qui est destinée à fonctionner avec le jury, doit être simple, claire et précise; mais on ne contestera pas que les règles de la législation française en cette matière pourraient être combinées d'une manière plus savante et plus exacte.

Que d'actes flétris par la morale et contraires à l'ordre social échappent à l'énumération limitative des cas prévus par le code pénal! Je vais prendre un exemple récent : Une femme entend sa fille et l'amant de celle-ci égorger à coups de hache son mari endormi. Peut-être a-t-elle conçu l'idée du crime : je suppose qu'elle l'a conseillé, qu'elle a engagé sa fille à le faire commettre. Ce qui est certain, c'est qu'un mot sorti de sa bouche pouvait sauver les jours de son époux; elle sait qu'on l'égorge et elle se tait : elle entend ses cris, et elle n'en est pas émue; elle approuve par son silence les meurtriers, lorsque rien ne lui eût été plus facile que de les arrêter sans encourir le moindre danger personnel. Elle protége la retraite des coupables; elle les aide à effacer toutes les traces accusatrices... Cette femme est bien répréhensible aux yeux de la morale; aux yeux de la loi, elle ne l'est point. D'après les auteurs et la jurisprudence, il est unanimement décidé que l'*inaction de celui qui, sachant qu'un crime va se commettre, ne s'oppose pas à sa perpétration;* que *le simple fait d'engager à commettre un crime sans qu'il ait été employé des promesses, ordres, dons ou menaces;* que *l'assistance donnée aux coupables après la consommation du délit*, ne sauraient constituer la complicité légale.

Les criminalistes anciens et modernes se sont bien souvent occupés du *concours négatif* de celui qui pouvait empêcher un délit et qui l'a laissé commettre. On a eu raison de dire que c'est là une grande et redoutable question, sur laquelle on a beaucoup écrit depuis Barthole jusqu'à Grotius, et depuis Grotius jusqu'au célèbre professeur de Pise Carmignani. Sans doute, il serait injuste de confondre dans une même pénalité celui qui a prêté un *concours positif* et celui qui n'a prêté qu'un *concours négatif*. Mais ne pourrait-on pas introduire une incrimination spéciale pour punir, dans certains cas spécifiés, d'un châtiment particulier, l'abstention homicide et le dol criminel de celui qui, méchamment, aurait refusé d'intervenir pour sauver une personne d'un danger qu'il pouvait détourner sans dommage pour lui-même? Cette pensée semble se retrouver dans la doctrine de quelques savants docteurs et notamment de Cremani (De Jure criminali, libri III. Florence, 1848, l. 2, ch. 41). Il faut que les éléments constitutifs de la complicité soient toujours limitativement spécifiés, mais l'énumération des cas prévus par la loi actuelle devra être augmentée, en même temps que la peine devra être diminuée, selon les divers degrés de la moralité des actions humaines.

Un malheureux, égaré par le désespoir ou perverti par de funestes doctrines, voudrait mettre fin à ses jours, mais le courage lui manque. Il cherche un complice pour l'aider à commettre cet attentat sur lui-même; il le paie; le complice prépare froidement le suicide qu'il devrait arrêter; il assure enfin un homicide qui, sans lui, n'aurait pas eu lieu. Est-il punissable?

Il est généralement admis que le complice d'un suicide ne saurait être puni, parce que le suicide n'est point inscrit parmi les délits dans la loi pénale. Il y a plus de sagesse dans les codes du Brésil, de la Louisiane et de la Russie, qui frappent d'une peine spéciale ceux *qui aident quelqu'un à se suicider en lui en fournissant sciemment les moyens*.

Un homme achète du poison et se procure, à prix d'argent, un empoisonneur pour exécuter le forfait qu'il n'ose point commettre lui-même; un fils charge un arme homicide et la remet à un assassin payé pour égorger son père. Seront-ils punis? Il faut distinguer. Ils sont saisis par le remords; ils veulent retracter leurs ordres, mais la fatale mission qu'ils ont donnée est accomplie: ils encourent la peine capitale. Leur volonté au contraire a persisté dans leurs noirs projets, mais ces projets n'ont pas été exécutés; ils sont affranchis de toute responsabilité. Leur culpabilité ou leur innocence légale est donc complètement dépendante du fait d'autrui.

Il serait facile de citer d'autres cas qui font regretter que la loi, en fixant les caractères de la complicité punissable, ne se soit pas rapprochée davantage des caractères de la complicité morale et réelle.

L'article 64 déclare qu'il n'y a ni crime ni délit, lorsque le prévenu était en état de démence au moment de l'action. Il serait nécessaire que le verdict indiquât si l'acquittement a eu lieu faute de preuves ou à cause de la démence. Dans le premier cas, l'accusé ne devrait pas être retenu par l'administration. Dans le second cas, la justice devrait pouvoir prescrire des mesures contre l'abus dangereux d'une intelligence malade.

Je passe à l'article 132 du code pénal. Le rapporteur de la loi du 28 avril 1832 disait en définissant le crime de fausse monnaie : « *Ce n'est qu'un vol accompagné d'une circonstance très aggravante.* » De là, quelques jurisconsultes ont tiré la conséquence que, lorsque la fausse monnaie était de bon aloi, il n'y avait plus de préjudice causé, plus de vol, et, dès-lors, plus de délit. Cette opinion est combattue par de graves auteurs, qui prétendent que le faux monnayeur est punissable, dès qu'il usurpe le droit royal de battre monnaie. Ne serait-il pas utile de résoudre cette question, et d'admettre comme en Prusse, comme au Brésil, une distinction entre la fabrication de la monnaie au titre et à la valeur de la monnaie légale, et la fabrication de la monnaie à faux titre et à faux poids?

L'article 140 punit la contrefaçon des *marteaux de l'Etat* servant aux marques forestières. Pourquoi ne pas punir aussi la contrefaçon des marteaux des simples particuliers, lorsque ceux-ci ont le droit de faire nommer des gardes et de faire dresser des procès-verbaux?

Nul n'ignore à combien de difficultés, souvent inextricables, donne lieu chaque jour l'appréciation des éléments constitutifs du faux. Ce crime est défini par la Cour de cassation (s. v. 35. I. 591) : « L'altération de la vérité, « dans une intention criminelle qui a porté ou pu porter « préjudice à des tiers. » Ainsi donc, tous les auteurs sont unanimes sur ce point; il n'y a pas de faux punissable sans la réunion de ces trois circonstances : *Altération de la vérité*, *intention de nuire*, *possibilité d'un préjudice*. Que l'on consulte les monuments de la jurisprudence, et l'on sera étonné du nombre considérable de cas où de coupables altérations de la vérité restent impunies par l'absence d'un préjudice réel et appréciable.

Ainsi, il n'y a pas de faux criminel de la part du père qui, dans un acte de l'état civil, déclare que sa concubine, mère de l'enfant, est sa femme, quoique sa véritable femme existât encore (Merlin, R. v. *Faux*, sect. 1. § 3;

Vazeille, *Mariage*, t. 1, n. 210; c. de cass. 5 fév. 1808.)

Un individu fabrique un certificat de bonne conduite sous le nom d'un particulier, dans le seul but de se procurer une place; il n'encourt aucune peine. (Cour de Paris, 30 avril 1852.)

Je sais qu'un homme est d'une immoralité déplorable, et je lui donne sciemment un certificat de bonne conduite; je ne commets aucun délit. (Sirey 4, 2, 217.)

Voici un fait qui est à ma connaissance : Un préfet reçoit d'un maire une lettre très inconvenante. Cette lettre était fausse ; le maire prouve qu'on a contrefait sa signature et son écriture. Ses fonctions, qui lui avaient été retirées, lui sont rendues. Il n'a pas éprouvé de préjudice sérieux; donc, il n'y a point crime de faux.

Un individu emploie une pièce fausse pour forcer son débiteur à lui payer une dette légitime ; un arrêt de la Cour de cassation a décidé qu'il y avait crime ; un autre a décidé qu'il n'y en avait pas. Cette dernière opinion est consacrée par MM. Carnot (t. I, p. 389), Bourguignon (t. III, p. 157) ; enfin, par les auteurs de l'ouvrage le plus remarquable que nous ayons sur le *Droit criminel*, MM. Chauveau et Hélie (t. V, p. 318 et s.).

Fabriquer sous le nom d'un autre de fausses lettres d'amour ; apposer de fausses signatures sur une pétition ; produire des actes de prêts imaginaires ; usurper de fausses qualités, etc., rien de cela n'est puni. Ne serait-il pas convenable cependant de défendre la contrefaçon, dans une intention méchante, du nom et de l'écriture d'autrui ?

Un individu fabrique, en contrefaisant la signature

d'un prêtre ou d'un homme honorable, un certificat de bonne conduite ou d'indigence, propre à lui *procurer place, crédit ou secours*; il ne peut pas être poursuivi, parce que l'article 161 du code ne prévoit que la fabrication de pareils certificats, sous le nom d'un fonctionnaire ou officier public.

L'article 187 punit toute suppression, toute ouverture de lettres confiées à la poste, commise ou facilitée par un fonctionnaire ou agent du gouvernement ou de l'administration. Un individu qui s'introduirait dans le bureau de poste pour y prendre furtivement connaissance des dépêches qui ne lui appartiennent pas; un commis, un secrétaire, un domestique qui violeraient le secret des lettres qu'ils n'avaient pas le droit d'ouvrir, peuvent le faire sans danger : ils ne sont atteints par aucune loi.

D'après l'article 209, la rébellion n'existe que lorsque l'attaque ou la résistance ont eu lieu *avec violences et voies de fait*. Des préparatifs de résistance sont organisés; des hommes armés sont décidés à arrêter l'exécution des lois; leur attitude menaçante et leurs attaques font reculer les agents de l'autorité publique; force reste à la révolte. La justice ne saurait trouver là les caractères d'un délit, parce que les agents se sont retirés avant d'avoir subi des violences et des voies de fait.

L'article 223 punit le moindre outrage fait par gestes ou menaces envers un magistrat dans l'exercice ou à l'occasion de l'exercice de ses fonctions. Qu'on l'insulte par des lettres missives les plus injurieuses; qu'on abuse de son zèle et qu'on l'expose à d'inutiles recherches par le récit d'un crime imaginaire, on est à l'abri de toute poursuite.

L'article 271 punit les vagabonds de trois à six mois d'emprisonnement. Un évadé des bagnes, un homme souillé de crimes parvient à dissimuler son identité sous un faux nom. Il cache si bien sa véritable origine qu'on ne peut découvrir d'où il vient. Cela arrive fréquemment. Est-il un moyen de le contraindre, par une longue détention, à se faire connaître? Non. Après six mois d'emprisonnement il doit être mis en liberté, et, le lendemain du jour où il sort de prison, il est aussi vagabond que le jour où il y est entré. Ne faudrait-il pas qu'un homme suspect pût être retenu tant qu'on ignore l'intérêt qu'il a sans doute à s'envelopper d'un impénétrable mystère?

J'arrive, en parcourant rapidement le code, à l'article 295, qui définit le meurtre. Je ne puis me dispenser de parler du duel. La Cour de cassation, après avoir longtemps jugé que le duel n'est pas prévu par le code, décide aujourd'hui qu'il est punissable; et décidera peut-être demain qu'il ne l'est pas. On ne peut disconvenir qu'un texte de loi, qui a donné lieu à des interprétations si diverses de la part de tant de jurisconsultes si distingués, est au moins très équivoque et très douteux; or, la première condition de la loi criminelle est la certitude. La peine doit se lire dans une disposition formelle, et non s'induire d'une jurisprudence variable qui a déjà changé et qui peut changer encore. Or, voici, dans l'état actuel des choses, ce qui se passe ordinairement : un duel a lieu; personne n'est blessé. Il n'y a pas de délit, parce que la tentative de coups et blessures volontaires n'est pas punie. Un homme est blessé ; c'est un délit : les tribunaux correctionnels, esclaves de la loi, condamnent toujours. Un homme est tué; c'est un crime : les jurés, esclaves du préjugé du point d'honneur, ne condamnent jamais. N'est-il pas étrange qu'au moment où je décharge une arme homicide sur un homme, il dépende de l'adresse et du hasard que je sois innocent ou coupable? N'est-il pas étrange que si je tue mon ennemi, je sois presque assuré d'un acquittement, tandis que, si je le blesse légèrement, je suis presque assuré d'une condamnation?

La jurisprudence du moment peut avoir de bons résultats; mais le devoir du législateur, quelles que soient les difficultés qu'il rencontre, est d'être clair dans ses prescriptions et logique dans ses principes. Qu'on défende ou qu'on tolère le duel; mais qu'on ait le courage de le dire.

L'article 300 qui définit l'infanticide est digne de sérieuses réflexions. D'abord, il n'eût pas été inutile d'expliquer ce qu'on doit entendre par *nouveau-né*, et de résoudre la question toujours controversée de savoir s'il est nécessaire, pour qu'il y ait infanticide, que l'enfant soit né viable. Mais la nécessité de prouver que l'enfant est né vivant n'assure-t-elle pas l'impunité aux actes les plus répréhensibles? Ainsi, une mère, pendant l'accouchement, tue son enfant avant qu'il ait respiré ; ce n'est plus un avortement, ce n'est pas encore un infanticide; elle n'encourt aucune peine. Voici des cas dont j'ai remarqué de fréquents exemples :

Une fille est convaincue d'un accouchement clandestin.

Sa grossesse est prouvée. Les traces irrécusables d'une maternité récente sont constatés sur son corps; mais elle a eu l'adresse de cacher si bien le cadavre, qu'on ne peut le découvrir; ou la barbarie, soit de le faire dévorer par des animaux, soit de le mutiler de telle sorte, que l'art médical ne sait pas reconnaître si les débris humains qu'on a recueillis ont été animés par un souffle de vie.

Qu'importe à cette mère que les magistrats lui demandent compte de son fils? Elle peut dire : je les ai mis dans l'impossibilité de prouver qu'il a vécu; cela me suffit. Je n'ai plus rien à craindre. Et chaque jour la justice reste impuissante devant tous les moyens laissés à l'infanticide pour se dérober à ses poursuites. Il serait, je crois, de la plus haute importance d'imiter les législateurs étrangers, qui ont établi dans ce crime plusieurs degrés, et de punir, au moins correctionnellement, la mère qui ne prouve pas que son enfant est né sans vie, et qui refuse d'avouer ce qu'elle en a fait.

L'article 305 et suivants ne punissent pas les simples menaces verbales. Un homme produit sur des personnes faibles une frayeur profonde par des menaces horribles et réitérées; il les épouvante en dirigeant sur elles une arme terrible; il n'est pas puni, et cependant il le serait s'il avait proféré la plus petite injure.

Les articles 309 et suivants s'occupent des coups et blessures. Un des caractères essentiels des coups punissables, c'est une douleur causée à la personne qui en est atteinte : *Verberare est cum dolore cædere,* dit la loi 5, § 1. ff *de injur. et fam. libellis.* Si les violences les plus graves ont été commises sur des personnes sans qu'elles aient été frappées ni blessées, il n'y a pas de délit. On peut seulement regarder ces violences graves comme des violences légères constituant une contravention punie par le code du 3 brumaire an IV.

Ainsi, le fait de cracher publiquement au visage de quelqu'un, avec intention de l'outrager, ne peut entraîner des poursuites correctionnelles (S. D. 38, 2, 338). Il en est de même du fait d'avoir saisi par derrière une jeune personne, de lui avoir ouvert ensuite la bouche et de l'avoir remplie de son. (C. de cass., 14 avril 1821.)

Voici des cas qui se sont présentés quand j'étais chef de parquet : un jeune homme coupe méchamment un bandeau de cheveux d'une demoiselle : quelle peine avait-il encourue ? Deux époux s'étaient réunis sous le toit conjugal après la célébration du mariage civil, avant d'avoir reçu la bénédiction nuptiale. Pendant la nuit, plusieurs habitants du village, imbus d'un préjugé local qui leur faisait croire que la tolérance d'un pareil désordre attirait des désastres sur la commune, pénétrent dans la chambre des nouveaux mariés ; ils leur ordonnent de se lever et d'aller se baigner dans un bourbier. Les époux effrayés, essaient vainement d'obtenir par leurs prières la révocation de cet ordre. Ils obéissent enfin, convaincus que toute résistance serait inutile et ne ferait que les exposer soit à des violences, soit à quelque avanie publique. C'étaient là de graves excès ; quelle peine pouvait-on infliger à ceux qui s'en étaient rendus coupables ?

L'article 321, en définissant la provocation, ne reconnaît que celle qui se manifeste par des violences physiques ; n'est-il pas des outrages, tels qu'un démenti jeté à la face d'un homme, un affront sanglant fait à une femme, qui excitent aussi vivement la colère qu'une attaque matérielle?

L'article 324 déclare excusable le meurtre commis par l'époux sur son épouse surprise en flagrant délit d'adultère. Pourquoi toute excuse est-elle refusée à l'épouse qui ressent une sanglante injure en voyant son époux déshonorer par ses débauches la couche nuptiale? L'indignation de la femme ne mérite-t-elle pas autant d'intérêt que celle de l'homme? Est-elle moins juste, moins naturelle et moins violente?

L'outrage à la pudeur n'est puni par l'article 330 que lorsqu'il est *public;* ainsi donc l'outrage le plus cynique, le plus insultant fait à la pudeur d'une femme, s'il n'a pas lieu publiquement, échappe à toute répression.

Une sage protection est accordée par l'article 331 aux mœurs des enfants qui, par la faiblesse de l'âge, sont dans l'impuissance de défendre leur pudeur contre des atteintes qui, en souillant leur corps, souillent encore leur âme. La rédaction de cet article laisse cependant quelque chose à désirer. La loi punit *tout attentat à la pudeur consommé ou tenté sans violence* SUR *un enfant.* De telle sorte que les actes d'impudeur commis par un individu sur sa propre personne, à l'aide d'un enfant de moins de onze ans, ne peuvent constituer le crime d'attentat; ils devraient avoir été exercés par l'accusé *sur* la personne même de l'enfant; ce sont les propres expressions d'un arrêt de la Cour de cassation du 4 août 1843. Dira-t-on que cette Cour avait jugé, le 2 avril 1835, dans un sens contraire? Cela prouve que le texte est au moins très obscur. Sous un autre rapport, la loi me semble incomplète :

après avoir voulu protéger l'enfance, elle aurait dû veiller encore sur ceux qui, par leur démence ou leur imbécillité, se trouvent, comme l'enfant, privés de l'usage de la raison. La Cour de Paris (arrêt du 1er août 1835) a dû juger que l'attentat à la pudeur commis sans violence sur une femme dans un état d'imbécillité, ne pouvait être, à raison de cet état, assimilé au crime prévu par l'article 331. Il n'est pas nécessaire de faire ressortir tous les abus qui peuvent résulter d'une pareille jurisprudence, et cependant les juges ne sauraient la changer, sans s'écarter des règles du droit pénal qui défendent d'appliquer des peines par analogie.

La base essentielle du viol, crime prévu par l'article 332, c'est la *violence*. « Le viol, dit Merlin, c'est la violence faite à une fille ou à une femme que l'on prend par force. » Une fraude, une machination coupable employée pour induire en erreur la victime; le défaut complet de son consentement, ne peuvent constituer le crime de viol, dès que l'erreur ou le défaut de consentement n'a pas été accompagné de violence.

Voici un cas qui s'est présenté plus d'une fois : Un individu s'introduit dans le lit d'une femme endormie que le mari vient de quitter. Il profite d'un moment de surprise pour consommer son attentat. Cette femme crie au secours, dès qu'elle a le sentiment de son déshonneur. Quelle peine atteindra celui qui est venu jeter la honte, le trouble, le désespoir dans une famille honnête ?

« La femme, dit un arrêt de Besançon (*Journal de* « *Droit criminel*, 1829, p. 45), a donné son consentement « par erreur; mais l'erreur, ainsi que le défaut de con-

« sentement, ne peuvent, seuls, constituer le crime de « viol, dès que l'erreur ou le défaut de consentement n'a « pas été accompagné de violences morales ou physiques ; « à la vérité, ce fait est profondément immoral ; mais, la « loi gardant le silence sur un fait de cette nature, on ne « doit point y suppléer par analogie. »

Il y a donc lacune dans la loi. Et je n'ai cité qu'un exemple ; j'aurais pu en choisir d'autres où une femme non mariée, dans un moment de sommeil ou d'évanouissement, par surprise ou par artifice, pourrait être déshonorée, sans qu'il y eût violence de la part du coupable, ni consentement de la part de la victime.

L'attentat, qu'il ait lieu par la force ou par une machination quelconque, n'est-il pas également répréhensible et ne devrait-il pas être également réprimé, chaque fois qu'il a été commis contre la volonté évidente de la femme outragée ?

L'article 334 qui prévoit l'excitation *habituelle* à la débauche, donne lieu à des interprétations diverses. A-t-il voulu atteindre seulement le proxénétisme, ou s'applique-t-il aussi au corrupteur qui agit pour satisfaire sa passion personnelle ? En quoi consiste l'*habitude*, circonstance constitutive du délit ? Résulte-t-elle des mêmes actes réitéréssur la même personne, ou bien est-il nécessaire qu'il y ait eu pluralité de victimes ?

La Cour de cassation a-t-elle fixé le sens de la loi ? Sur la première question surtout, qui ne connaît ses variations ? Après l'avoir longtemps jugée d'une façon, elle les juge maintenant d'une autre.

Un homme est marié avec deux femmes qui vivent en

même temps. L'article 340, dira-t-on, fera cesser ce scandale, en punissant la bigamie. Il faut distinguer. D'après les interprètes de la loi, le crime de bigamie se forme et se consomme par la *célébration* d'un second mariage avant la dissolution du premier, et non par la cohabitation illégale avec le second époux. La conséquence de ce principe généralement admis, c'est que la prescription court à dater du jour de la célébration, et qu'après dix ans le bigame peut publiquement continuer ses désordres sans que la justice ait droit d'y mettre obstacle. J'ai connu des personnes dans cette position.

L'article 352 punit ceux qui auront *exposé et délaissé* des enfants dans un lieu non solitaire. Une femme expose un enfant et prend la fuite, dès qu'il est recueilli par des étrangers. Il n'y a pas de délit, parce qu'il n'y a pas eu *délaissement*, c'est-à-dire abandon, interruption de soins. C'est par la même raison qu'on a souvent décidé que l'exposition d'un enfant dans le tour d'un hospice n'était pas punissable. Mais pourquoi prescrire des formalités pour les réceptions des nouveau-nés à l'hospice, si une mère a la faculté de l'y faire admettre également, pourvu qu'elle ait le soin de le faire porter furtivement et avec mystère ?

L'article 362 s'occupe du faux témoignage; cet article mériterait d'être revu avec attention. Pourquoi ceux qui, appelés à titre de renseignement, sans prestation de serment, auraient trompé la justice par des mensonges prémédités, ne pourraient-ils encourir quelque peine? Pourquoi le témoin qui, devant le juge d'instruction, trahit la vérité après avoir juré de la dire, ne serait-il pas puni?

Il serait possible sans doute de concilier les facilités que l'on doit laisser au témoin qui a menti, de se rétracter pendant tout le cours de la procédure, avec l'intérêt qu'aurait la société à ne pas tolérer qu'une information fût arrêtée ou prolongée par des parjures impunis.

L'article 365 déclare le coupable de subornation de témoins passible des mêmes peines que le faux témoin. Il résulte de là que, si le témoin qu'on a payé pour mentir, cédant à la crainte ou au remords, ne ment pas ou finit par se rétracter avant la clôture des débats, le suborneur, quelque odieux que soient les moyens dont il ait fait usage, est innocent malgré lui.

Puisque le suborneur n'est passible que des mêmes peines que le faux témoin, peut-il être condamné, lorsque l'accusé de faux témoignage obtient un verdict d'acquittement? La Cour de cassation, après avoir rendu plusieurs arrêts dans le sens de la négative, cherche aujourd'hui à modifier sa jurisprudence; elle décide que l'acquittement du faux témoin ne doit pas entraîner forcément celui du suborneur, parce que, du verdict de non-culpabilité, il résulte que l'accusé ne doit pas être puni, mais non qu'il n'avait pas fait une fausse déposition, et que le suborneur n'était pas punissable. Une loi pénale, dont l'interprétation ingénieuse n'a pu être découverte qu'après tant de controverses et d'incertitudes, mérite d'être revue et précisée.

L'article 379 définit le vol : la soustraction frauduleuse de la chose d'autrui.

Il faut donc : 1° qu'il y ait soustraction; 2° que cette

soustraction soit frauduleuse ; 3o que la chose soit d'autrui. C'est le cas de dire *omnis definitio periculosa.*

Un homme s'approprie une pièce d'or ou un sac d'argent qui lui a été remis par mégarde, au lieu d'une pièce d'argent ou d'un sac de billon qu'on croyait lui remettre. La Cour de cassation (S. V. 50, 1, 635) décide qu'il n'y a pas vol, parce qu'il n'y a pas eu *soustraction*. On pourrait citer un grand nombre de cas analogues. Le deuxième élément du vol, c'est la *fraude*. Pour constituer le délit, il faut, d'après la Cour de cassation (S. V. 35, 1, 699), que l'intention frauduleuse ait accompagné le fait de la soustraction. Si cette intention n'est venue qu'après, y a-t-il crime ? Celui qui *retient* la chose d'autrui qu'il a trouvée, mais qu'il n'a pas soustraite, est-il punissable ? Cette question si controversée par les auteurs anciens et modernes, ne mériterait-elle pas d'être nettement tranchée ? Le troisième caractère du vol, c'est que la chose enlevée soit la propriété d'autrui. Le débiteur qui dérobe à son créancier une chose qu'il lui avait donnée en gage (S. 131, 1, 190) et celui qui, se croyant propriétaire d'un objet litigieux, se l'approprie furtivement (S. 24, 2, 27) ne commettent aucun délit.

La définition de l'escroquerie a été déjà révisée ; il serait nécessaire de la réviser encore. Peu d'articles du code ont donné lieu à plus de difficultés. L'article est ainsi conçu :

« Quiconque, soit en faisant usage de faux noms ou « de fausses qualités, soit en employant des *manœuvres* « *frauduleuses pour persuader l'existence de fausses en-* « *treprises*, d'un pouvoir ou d'un crédit imaginaire, ou

« pour faire naître l'espérance ou la crainte d'un succès, « d'un accident ou de tout autre événement chimérique « *se sera fait remettre* ou délivrer des fonds, des meu- « bles, ou des obligations, dispositions, billets, promesses, « quittances ou décharges, et aura, par un de ces moyens, « *escroqué ou tenté d'escroquer* la totalité ou partie de la « fortune d'autrui, sera puni... »

Je ne prétends pas analyser toutes les questions controversées que cette rédaction a fait naître. Il faut qu'une remise de valeurs ait eu lieu, soit par l'usage de faux noms et de fausses qualités, soit par des manœuvres frauduleuses destinées à persuader l'existence de fausses entreprises.

Que doit-on entendre par *manœuvres frauduleuses?* On ne le dit pas, mais il faut autre chose que de simples paroles mensongères.

Si je prends un morceau de pain chez un boulanger, il y a vol; mais, si je me fais servir un somptueux banquet, sachant d'avance que je serai dans l'impossibilité de le payer, puis-je être puni ?

Je n'ai pas commis de *soustraction*, donc il n'y a pas vol. Je n'ai pas employé de manœuvres frauduleuses ou je n'ai pas persuadé l'existence d'un crédit imaginaire, il n'y a pas d'escroquerie.

Je vais plus loin. J'emploie les manœuvres les plus frauduleuses pour faire croire à un événement chimérique; on n'y croit pas, mais on feint d'y croire. Cédant à un conseil de la police, on me remet des fonds pour me faire tomber dans le piége d'un délit consommé en apparence; il n'y a pas d'escroquerie (S. 40. 2. 294), parce que, d'après un principe reconnu par la Cour de cassation, le délit n'est accompli que par la remise de valeurs opérées à la suite de manœuvres frauduleuses.

L'article 408 du code pénal a été remanié en 1832; il me semble qu'il faudrait encore le retoucher. En voici les termes :

« Quiconque aura détourné ou dissipé au préjudice des « propriétaires, possesseurs ou détenteurs, des effets, « deniers, marchandises, billets, quittances ou tous autres « écrits contenant ou opérant obligation ou décharge qui « ne lui auraient été remis qu'à titre de louage, de dépôt, « de mandat, ou pour un travail salarié ou non salarié, à « la charge de les rendre ou de les représenter, ou d'en « faire un usage ou emploi déterminé, sera puni... »

Un homme emploie à son usage personnel les deniers qui lui ont été confiés à titre de mandat; il y a détourne ment; mais, s'il peut faire supposer qu'au moment où il s'est emparé de la chose d'autrui il avait le projet de la restituer, le détournement n'était pas frauduleux, et quoique le mandataire infidèle soit devenu insolvable plus tard, il n'est passible d'aucune peine.

« L'article 408, disent les auteurs de la *Théorie du droit pénal*, ne porte pas comme l'article 407 : « *Tout acte pouvant compromettre la personne ou la fortune;* il énonce seulement les *billets*, *quittances*, *ou tous autres écrits contenant ou opérant obligations ou décharges*. » Il résulte de cette différence que l'abus de confiance ne peut s'appliquer qu'à des actes emportant un préjudice matériel, tels que les billets et les quittances. Ainsi, celui qui, dépositaire d'une lettre ou d'un acte quelconque dont l'exhibition ne peut produire qu'un préjudice moral, livrerait cet acte à des tiers, ne commettrait pas le délit prévu par l'article 408.

Le détournement n'est puni encore que lorsque la chose a été confiée *à titre de louage, de dépôt, de mandat ou pour un travail salarié ou non.* On me *loue* un cheval; je le vends à mon profit; je suis coupable. On me *prête* un cheval; puis-je être puni si je le vends pour m'en approprier le prix? Non, parce que la loi ne prévoit pas le détournement des choses confiées à *titre de prêt*, et que la loi pénale n'est jamais susceptible d'extension. Des arrêts, dira-t-on, ont décidé la question diversement; raison de plus pour que le sens de cette disposition du code soit clairement fixé ou complété.

Les questions relatives aux nombreuses variétés de vol sont si fréquentes et si usuelles, qu'on ne saurait recueillir avec trop de soin les conseils de la doctrine ou les lumières de la jurisprudence, pour tâcher de perfectionner sans cesse des textes de loi dont l'application est journalière.

L'article 390 définit la *maison habitée.* D'après de graves auteurs, M. Dupin, MM. Hélie et Chauveau, M. Morin, cette définition est limitée au seul crime de vol. D'après la jurisprudence de la Cour de cassation, au contraire, cette définition est générale et absolue. Elle fixe le sens légal de l'article 434, relatif à l'incendie des bâtiments habités ou servant à l'habitation, et de leurs dépendances. Si cette interprétation doit être admise, n'est-elle pas quelquefois trop rigoureuse?

Le feu est mis à une misérable loge, à une simple cabane non habitée, mais destinée à l'habitation; faut-il prononcer la peine de mort, qui, par l'admission des circonstances atténuantes, ne pourra jamais descendre au-dessous de celle des travaux forcés ?

Une disposition pénale qui peut avoir de telles conséquences, a besoin d'être clairement expliquée. Il suffirait d'un mot ajouté à la loi, ou du déplacement de l'article de la rubrique sous laquelle il est classé, pour mettre fin à un long conflit entre les auteurs et les arrêts.

L'article 434 punit l'incendie des récoltes abattues, lorsqu'elles sont en tas ou en meules. Si elles sont éparses, on peut les incendier impunément. Le mot *récolte* donne lieu encore à des difficultés. Il est d'usage, dans certaines contrées, d'entasser la paille battue en meule très considérable qu'on nomme *pailhet*. L'incendie du *pailhet* est très redouté du paysan, à cause de la perte de la paille et du danger que les flammes ne se communiquent à la maison et aux édifices ruraux. Eh bien ! des arrêts de la Cour de cassation, contrariés, il est vrai, par d'autres arrêts, décident que la paille battue n'est pas une récolte. Donc, à la brûler, il n'y a ni crime, ni délit.

L'article 440, qui prévoit le pillage et le dégât des propriétés mobilières, ne punit ce fait que lorsqu'il a lieu par réunions ou bandes et à force ouverte. Un homme, par un sentiment de haine ou de méchanceté, va briser des glaces et des objets d'un grand prix ; il n'a rien à craindre s'il est insolvable : aucune action criminelle ne peut être intentée contre lui. J'ai vu un repris de justice très dangereux qui, poussé par une pensée de vengeance, s'introduisit, une nuit, dans la maison de son ennemi. Il perça des tonneaux et répandit à terre le vin qu'ils contenaient. S'il eût bu un seul verre de vin, il eût été puni comme voleur; mais quelle peine pouvait-on lui infliger pour avoir occasionné un préjudice énorme au propriétaire en détruisant toutes les richesses de sa cave? Pour trouver dans le code un texte applicable, faut-il aller chercher l'article 479, § I, qui prononce des peines de simple police? Ce serait une pénalité dérisoire; il y a donc là quelque chose à retoucher.

L'article 245 du code pénal prévoit l'évasion des détenus pour crimes et délits; l'article 456 punit les bris de clôture.

Un détenu pour dette s'évade avec bris de prison : peut-il être puni des peines portées par l'article 245 ou par l'article 456? La Cour de cassation décide qu'il n'a encouru l'application d'aucun texte formel, et voici un des motifs de son arrêt :

« Attendu... que si la loi ne s'est nullement occupée « des bris de prison par un détenu pour dettes, il n'entre « dans aucune attribution du pouvoir judiciaire de *sup-* « *pléer à son silence*, et que la Cour de cassation, en agis- « sant comme s'il lui appartenait de remplir, d'après sa « seule manière de voir, la *lacune qui résulte de ce silence,* « *se rendrait coupable d'un excès de pouvoir intolérable* « *dans une autorité qui n'est chargée que de veiller à ce* « *qu'il soit fait par les tribunaux une juste application* « *de la loi.* » (S. 25. 1. 75.)

Je ne puis mieux terminer mes observations que par la citation de ces motifs, qui expriment si bien la pensée que j'ai voulu développer, et autoriser par des exemples. Ils répondent encore à l'objection : qu'on peut laisser sans inconvénient à la jurisprudence le soin d'expliquer et de compléter la loi.

En lisant des pages que j'ai trop rapidement écrites, on me reprochera peut-être de n'avoir pas creusé assez profondément les textes où j'aurais découvert d'autres lacunes que celles que je signale. Peut-être dira-t-on, au contraire, que j'ai relevé, dans le nombre, quelques imperfections légères, qu'une sage interprétation de la loi actuelle saurait faire disparaître sans recourir à une loi nouvelle.

Il n'était ni dans ma pensée, ni dans la mesure de mes forces, de faire une étude complète de toutes les dispositions du code pénal, susceptibles d'être améliorées dans une révision générale de la législation criminelle de la France.

Je n'ai pas cherché à apprécier si la pénalité pour certains délits devrait être élevée ou abaissée ; si, dans l'explication contradictoire des textes, une opinion paraissait mieux fondée qu'une autre ; je n'ai voulu qu'appeler l'attention sur les dangers et les inconvénients que présentent dans la pratique les obcurités et les lacunes du code pénal.

Je n'ai pas indiqué toutes les omissions importantes ; j'en ai indiqué d'insignifiantes peut-être, mais mon but serait atteint, si j'avais prouvé qu'il y avait quelque chose à faire, et si j'avais attiré sur ce sujet les réflexions de ceux qui ont la haute mission de travailler au perfectionnement de la loi.

Le moment, je le répète, me semblerait bien choisi pour revoir l'œuvre de Napoléon Ier. Le texte ne serait pas révisé dans un esprit d'hostilité contre les idées qui présidèrent à sa rédaction. On ne voudrait pas innover et refaire, mais corriger et améliorer. L'épreuve du code a eu lieu ; on pourrait mettre à profit les lumières d'une expérience demi-séculaire et les progrès de la théorie du droit. De nos jours, la science a repris l'étude des vieilles coutumes et poussé ses investigations jusque dans les législations étrangères. Ne pourrait-on pas trouver là des matériaux précieux pour combler certaines lacunes du code, et le rendre de plus en plus digne d'occuper le premier rang parmi les monuments législatifs les plus remarquables des peuples les plus civilisés?

Tarbes. — Typ. et lith. de Th. Telmon, imp. de la préf.

OUVRAGES DU MÊME AUTEUR :

Droit criminel à l'usage des jurés, in-8°. — Paris, Cotillon. 2e édition.

Précis des règles relatives à la rédaction des actes de l'état civil, in-8°

Etudes sur la révision du code forestier, in-8°.

Le Château de Pau, SON HISTOIRE ET SA DESCRIPTION, in-8°. — Paris, Didron.

Antiquités du Béarn, par Marca, avec une notice sur MARCA, in-8°.

Chronique du château de Lourdes, in-8°.

La Vallée de Barèges, avec des lithographies, in-4°.

Essai sur le droit du seigneur, in-8°.

Histoire monétaire et numismatique du Béarn, avec des planches.

Essai sur la langue et la littérature du Béarn, in-8°.

Le Trésor de Pau, in-8°

Monographies de St-Savin, de l'Escaledieu, de St-Pé, de St-Orens, etc.

Les Massipia.

Tarbes. — Typ. Th. Telmon.

www.ingramcontent.com/pod-product-compliance
Ingram Content Group UK Ltd.
Pitfield, Milton Keynes, MK11 3LW, UK
UKHW021116230726
13926UKWH00002B/513

9 782014 066418